LA PRUSSE ET LA FRANCE

DEVANT LES

FRONTIÈRES DU RHIN

LE DUCHÉ DE LIMBOURG

ET

LE GRAND DUCHÉ DE LUXEMBOURG

PAR

Siegfried WEISS

Docteur en droit

PARIS
Chez DENTU
Palais-Royal, galerie d'Orléans.

BERLIN
Chez RÖSSTER et MISCHLER
Unter den Linden, 16.

1866

LA PRUSSE ET LA FRANCE

Nous croyons devoir dire : que si jamais la France entrait en alliance avec l'Autriche, elle n'aurait à s'attendre qu'à un très triste sort. C'est non-seulement notre conviction et notre expérience qui nous le fait prévoir, mais c'est aussi attesté par la politique même que la France a suivie envers l'Autriche depuis des siècles. Elle s'est généralement bien gardée d'entrer en alliance avec l'Autriche, son ennemie jurée. Les partis personnellement intéressés en France à une telle alliance, soit des journaux de toutes les couleurs, soit les agents secrets autrichiens, soit le clergé catholique, soit les fonctionnaires, soit l'opposition, ne seraient pas de bonne foi s'ils conseillaient au gouvernement de l'Empereur d'y entrer.

Contre qui et pourquoi une telle alliance ? Si la France avait besoin d'un allié, ce ne serait certainement pas une puissance hypocrite, désorganisée, mal menée et épuisée comme l'Autriche qui pourrait être une bonne alliée pour la France. Outre cela, elle ne le pourrait pas être, parce que l'Autriche est méchante, traître et abusive envers la France et envers tout le monde, comme son histoire nous l'a prouvé. Ah ! si la France et l'Empereur veulent se mettre entre les mains de leur ennemi juré, il n'y aura rien à dire, et j'aurai seulement à regretter de leur avoir donné mon conseil et mon travail. Mais tout me fait croire qu'ils ne se laisseront pas prendre par surprise, ni par le dol des partis français, autrichiens, qui aujourd'hui jouent la comédie, remuant les agences secrètes, la presse, l'opposition, les ultramontains et le clergé. Dieu merci, je connais encore des honnêtes gens dans la presse, dans l'opposition et même dans la partie du clergé des ultramontrains, et parmi les fonctionnaires publics qui sont consciencieux, et ceux-là parlent avec moi et disent ce qu'a dit le pieux et vertueux M. de Maistre : « *L'Autriche était toujours l'ennemie de* « *l'humanité.* » La France était-elle aujourd'hui assez tombée pour se lier avec l'ennemi de l'humanité ? N'y a-t-il pas assez d'épreuves pour la France, que chaque fois qu'elle s'est laissé entraîner en une alliance avec l'Autriche, elle a dû payer cher le résultat ! Le mariage de Louis XVI avec la princesse autrichienne était la division en France ; le mariage de Napoléon avec la princesse autrichienne était la perte de Napoléon et la décadence de la France, et toujours par la trahison de l'Autriche. Si le roi d'Italie entrait aujourd'hui en liaison de famille avec la maison d'Autriche, cela ferait sa perte, aussi bien qu'elle l'était pour Louis XVI et Napoléon Ier. La paix de Vienne, de 1809, avec l'Autriche, était le signal de la décadence de la France et de la chute de Napoléon Ier en 1814.

Depuis 1792 jusqu'en 1814, la France avait fait cinq fois l'alliance autrichienne pour la paix, et chaque fois la France avait été trompée. C'était ainsi, depuis le xve siècle, dans la guerre en Italie, en Espagne et en Allemagne.

L'Autriche n'a ni conviction, ni amour pour le bien, ni non plus pour la paix. Elle n'a ni principes, ni ordre, ni justice, ni liberté et ni force vitale.

Avec une telle puissance même, de certains *libéraux français* veulent aujourd'hui effrontément conseiller la France d'entrer en alliance. Ce n'est pas assez qu'ils veuillent entraîner la France dans l'abîme, mais encore ils espèrent y mettre le roi d'Italie. La presse, l'opposition même dans la chambre, et quelques personnes très-romaines catholiques, et *très-haut placées patronisent cette œuvre,* comme on le dit.

L'Autriche n'est pas encore si pauvre pour ne pas pouvoir payer **tous les mendiants,** les gens de rien, qui au fond ne cherchent qu'à ramasser quelque argent autrichien pour faire de la propagande en France en sa faveur, pour écrire des articles dans les journaux, etc., etc. Mais la vérité n'est pas avec eux, et ils disent: c'est un métier comme tout autre. Nous avons rencontré pas mal de ces gens à Paris et en Allemagne même. C'est le fléau de notre civilisation qui empoisonne l'opinion publique.

Mais le malheur d'un gouvernement est s'il se laisse entraîner dans les plans de cette race d'intrigants, et dangereuse pour la tranquillité et la paix de la société. Cette race est pire que le plus vilain marchand, qui ne trompe que quelques gens du public; car ces menteurs, intrigants et méchants, trompent un peuple entier en trompant un gouvernement.

Si la diplomatie ou un gouvernement n'a pas assez de conviction et de force pour juger des manœuvres de ces gens et pour suivre une ligne qu'il s'est tracée lui-même, je dis qu'il en est fait de lui-même.

D'abord, je soutiens que la France n'a besoin d'aucune alliance permanente, et surtout pas à présent, au milieu de la paix, où la Prusse et l'Italie sont ses véritables amies.

Mais s'il était nécessaire à la France d'avoir un allié, ou plusieurs, c'est certainement qu'elle devrait les chercher parmi les Etats civilisés, bien disciplinés, en lesquels il y a une force vitale et une existence, pour qu'elle puisse en profiter. Ces alliés seraient encore la Prusse et l'Italie.

Si les Français veulent réellement exister eux-mêmes, avec la civilisation du bien par la justice, la liberté, l'ordre, l'humanité et la paix, il n'y a que ce moyen possible.

Mais j'étais grandement surpris, même par des articles de journaux se disant libéraux comme *le Siècle, le Temps, les Débats, la Liberté, la Presse* qui n'ont pas ce fond. Aussi ils s'accusent les uns les autres de trahison, de lâcheté, de non-sens, et de ce que je ne sais encore! Ils tombent en polémique comme les premières gens venues sans éducation; mais hélas! par là on reconnaît leurs œuvres!

Aux fruits vous reconnaîtrez l'arbre! Le journal autrichien *le Temps* s'est spécialement voué à jeter la poussière et la boue sur le gouvernement prussien. Après lui suit le journal autrichien . *Le Mémorial diplomatique* dont l'Autrichien son propriétaire, M. de Brausz, autrefois fort connu en Italie, joue son rôle aujourd'hui en France. Nous savons qu'en Italie il était au service du despotisme autrichien, la terreur des Italiens et des Français, comme il était la terreur des Allemands en Allemagne.

Un numéro d'un autre journal, *la Liberté* de M. de Girardin, m'est par hasard tombé entre les mains, c'est celui du 9 novembre 1866. Il contient un article signé par M. de Girardin lui-même, ayant pour titre: *la Rivalité d'alliances* (1).

(1) Un autre numéro de « *la Liberté,* » en date du 27 novembre, contient un second et très-long article dans le même sens hypocrite. Il est intitulé A B C, et signé par M. de Girardin. « *La Liberté,* » du 2 décembre, contient un autre article, intitulé : *Où allons-*

D'abord, demandons pourquoi M. de Girardin insiste sur une rivalité des alliances. Et demandons encore une fois dans quel but les veut-il ?

La conspiration et l'agitation autrichienne en France marchent si sourdement, que l'on se trouve très-souvent étonné des choses qui s'y passent, et que l'on aurait plutôt cru à des miracles qu'à les voir paraître en France démocratique (1).

Eh bien ! M. de Girardin parle par la bouche de l'Autriche dans l'article cité. S'il parle ainsi comme démocrate français, député au Corps législatif, qu'est-ce que nous devons attendre des **ultramontains** et des **royalistes** français ?

M. de Girardin dit ceci dans son article dans le journal *la Liberté*, qui ne remplit pas moins de cinq grandes colonnes de son journal :

1° « La nomination de M. de Beust au ministère des affaires étrangères d'Autriche, veut dire que cette puissance se rapproche de plus en plus de la France. »

Nous lui répondons qu'il connaît très-médiocrement les antécédents de M. de Beust. M. de Beust nous est connu depuis plus *de quinze ans*, et comme ministre saxon il a ravagé l'Allemagne et spécialement la Saxe par la terreur et le despotisme autrichien dirigés à la fois contre la Prusse, la France et l'Italie (2). Qu'on aille en prendre le témoignage en Saxe, et tout le monde y affirmera ce que j'ai avancé. Maintenant M. de Girardin a-t-il parlé par ignorance ou non ? Je n'en sais rien. Seulement nous pouvons lui répondre que M. de Beust n'est pas plus l'homme éclairé, libéral et ami de la France, que ne l'était tout autre despote brutal autrichien. Si le salut français et libéral devait venir du côté de M. de Beust, disons à M. de Girardin qu'il s'est trompé en sa personne. (Moi-même je lui ai refusé en 1852 ses places qu'il m'avait offertes pour ne pas servir le mal. Voir mon journal de Berlin, du 14 mai 1861.)

Il faut donc nécessairement qu'il renonce alors au fond de son espérance de voir réaliser une alliance française-autrichienne, par M. de Beust.

2° Mais M. de Girardin paraît déjà voir le fait accompli et il donne alors à peu près pour certain, que l'Italie serait dans la triple alliance, contre qui ? (l'on ne le croirait presque pas) : contre la Prusse ! Oh ! la belle loyauté et gratitude française permettrait que l'Italie, qui a reçu tous les bienfaits par la Prusse, qui a obtenu la Vénétie aux frais du sang et du Trésor prussiens, se mette maintenant, après s'être mise en possession, contre la Prusse son bien-

---

nous ? signé par M. de Girardin, qui s'appuie sur une intrigue et un mensonge autrichiens publiés au *Journal d'Anvers*, disant : « que S. M. le roi de Prusse se prépare à la guerre et a envoyé deux émissaires en la Lorraine et l'Alsace, qui lui envoient des rapports, dont un avait été vu par le correspondant du *Journal d'Anvers*. » Ce mensonge autrichien, si bien brodé pour exciter le public, a trouvé son écho en France contre la Prusse dans les journanx « *le Pays, la Liberté*. » Ma foi, les Français-Autrichiens se donnent bien la main.

(1) Le journal *la Presse* s'en réjouit, et il est désespéré que M. le comte de Bismark n'est pas encore mort et n'a pas encore suivi le sort de feu comte de Cavour. Y a-t-il chose plus atroce et plus brutale à lire dans un journal se disant démocratique ! *La Liberté* a dit le même éloge à M. de Bismark dans son numéro du 30 octobre 1866. En lisant ces choses-là, on se croit vivre avec des criminels !

(2) M. de Beust, comme ministre saxon, a travaillé pour l'empereur d'Autriche depuis 1852. Il en est récompensé aujourd'hui par le ministère autrichien qui lui est confié. Même homme, même esprit, même action et même résultat. L'*Opinion nationale* du 17 novembre annonce, c'est vrai, que, sous l'inspiration de M. de Beust, a paru à Vienne une brochure qui conseille l'alliance entre l'Autriche et la France. Mais nous, qui connaissons M. de Beust et l'Autriche, rions de cette hypocrisie.

faiteur? Un Français, rédacteur en chef d'un grand journal, M. de Girardin, conseille à l'Italie d'exercer ainsi la vertu ! Hélas ! où en sommes-nous au xixe siècle *avec* le journalisme et la diplomatie ! Mais l'Italie est trop loyale pour écouter le conseil de M. de Girardin.

Voilà donc M. de Girardin bien autrichien. Mais pour que cette triple alliance puisse aboutir à une guerre contre la Prusse, voilà ce qu'il dit, d'accord avec la *Gazette de Moscou* :

« C'est la possibilité d'une guerre où la France aiderait l'Autriche à prendre sa revanche contre la Prusse à la condition qu'à son tour l'Autriche aiderait la France à rentrer dans ses anciennes limites du Rhin ! »

Ah ! voilà le gros mot pour blesser et pour détruire ! Je réponds à M. de Girardin qu'il est ignorant de ce qui se passe en Europe en politique et en diplomatie. Qu'il sache que la Prusse est *assez solide* pour avoir à sa disposition non-seulement l'alliance avec la Russie, mais aussi celle de l'Autriche et coaliser toutes les puissances européennes contre la France en cas de besoin, ou encore si la Prusse voulait mettre l'Europe en feu et provoquer une guerre contre la France, comme celle que M. de Girardin conseille à la France d'entreprendre contre la Prusse.

Mais les tendances de la monarchie prusienne n'ont jamais montré cette idée, si horrible et destructive pour la liberté et la civilisation des peuples, que M. de Girardin ne craindrait pas, attendu que l'Autriche puisse en tirer une revanche sur la Prusse.

Pourtant autre chose serait le cas où réellement le malheur, l'aveuglement et la corruption arrivaient à ce point, que la France déclarât la guerre à la Prusse, comme M. de Girardin le voudrait. Alors, dans ce cas, la Prusse attaquée ne ferait que son devoir d'user de tous les moyens possibles pour être victorieuse.

Je prévois, dans ce cas, une catastrophe terrible pour la France et pour la dynastie impériale, pareille à celle qui s'est manifestée en 1813, 1814 et 1815. Je parle comme ami sincèrement et je prouve par là que je suis plus juste en esprit, que ne l'est M. de Girardin et tous ceux des Français-Autrichiens qui disent : « *Je me moque pas mal de mon pays et de la civilisation, tant que mon pays ne me donne pas de rentes !!!* » On trouve aussi des gens de cette catégorie qui s'appellent des publicistes; ils lancent des brochures dans le monde qu'ils ne signent pas parce qu'ils n'osent pas se faire connaître et parce que leurs travaux ne sont pas d'accord avec la vérité, ni avec leur conscience. De toute cette industrie d'articles dans les journaux et de brochures qui, surtout en ce dernier temps, avait été largement appliquée par l'Autriche à semer en France la haine contre la Prusse et à provoquer de fausses sympathies pour l'Autriche (dans le but que M. de Girardin nous a indiqué dans son article), nous n'en avons trouvé qu'une seulement qui soit signée et dans laquelle l'auteur français, M. de Calonne, dit franchement ses pensées sur toutes ses manœuvres. Il en arrive à la conclusion, que la France ne doit pas se laisser entraîner dans des mauvais calculs contre la Prusse. Sans doute il aurait été à désirer que M. de Calonne se fût prononcé plus clairement sur plusieurs idées très-importantes émises dans ses brochures, qui concernent plus spécialement les relations de la France avec la Prusse; mais il nous suffit qu'un Français, qui s'est nommé hautement, ait prouvé à M. de Girardin que les véritables intérêts français

sont d'une toute autre nature que les siens, et que la France doit plutôt se lier droitement avec la Prusse, lui donner la main forte en toutes les circonstances pour se voir traiter ainsi à son tour, que d'aller se hasarder, dans une entreprise périlleuse, à la frivolité autrichienne.

Arrivons maintenant à la question du Rhin, tant agitée par de certains Français-Autrichiens ! C'est encore une question où un moyen autrichien pour satisfaire à sa politique.

Metternich, le diplomate autrichien, qui a fait destituer en 1815 non-seulement la dynastie de Napoléon Ier, mais aussi des princes régnants allemands, a dit : « Que si l'Autriche veut tenir la Prusse sous sa domination, il faut qu'elle agite en France la question du Rhin et exerce sa prépondérance sur feue la Diète de Francfort ! »

Qu'est-ce que fait l'Autriche en ce moment en France, soutenue par son parti français? (mais que j'appellerais plutôt autrichien que français.) Elle fait agiter la France par la question du Rhin pour pouvoir se venger de sa défaite par la guerre dernière, qu'elle avait tout d'abord provoquée avec ses alliés allemands, contre la Prusse.

La France n'était jamais si sotte, sous la dynastie de Napoléon, d'avoir servi les plans autrichiens. Le fera-t-elle aujourd'hui ? Je dis : Je ne le crois pas.

M. de Girardin est allé demander avis à un ouvrier du faubourg Saint-Antoine de ce qu'on pensait dans son quartier de cette question et dans son article il nous fait connaître sa réponse. Elle n'est pas, selon nous, dans un sens que les ouvriers du quartier du faubourg Saint-Antoine désiraient voir éclater une guerre contre la Prusse au sujet de la question du Rhin. C'est du moins l'opinion de l'honnête ouvrier et l'expression générale en France, partout où l'on s'en informe, excepté chez les Français-Autrichiens.

Qu'on aille demander aux citoyens industriels, aux artistes, aux marchands, aux négociants et aux agriculteurs s'ils désirent la guerre contre la Prusse pour ce but, et ils vous répondront comme ils m'ont répondu, non-seulement à Paris, mais aussi dans les provinces : « *Nous ne voulons pas la guerre, nous ne voulons non plus nous agrandir; nous sommes heureux tels que nous sommes aujourd'hui. Au contraire, nous considérons la Prusse comme la puissance la plus civilisée en Europe à côté de la France, et nous ne pouvons mieux faire en politique que la conserver comme amie.* »

C'est l'opinion générale en France sur cette question ! Ceux qui veulent tromper la France et le gouvernement français disent le contraire; mais leur nombre est heureusement si minime qu'ils ne pourraient exercer aucune influence sur le gouvernement de l'Empereur.

Il est bon que nous discutions pourtant deux côtés de cette question qui regardent le côté pratique : 1° D'abord, demandons si, dans le cas le plus mauvais, où la France, faisant réellement la guerre à la Prusse, était vainqueur et prenait possession des bords du Rhin, est-ce que cette possession resterait à jamais acquise à la France?

2° Ensuite, demandons : est-ce que réellement le Rhin est nécessaire à la France?

Quant à la première question, nous pouvons, comme Allemand,

mieux en juger que les Français qui raisonnent sur la question du Rhin, sans avoir jamais pu se convaincre sur le lieu même des obstacles énormes qui s'élèvent à cette possession.

M. de Girardin croit que la France n'y rencontrerait des obstacles qu'à Aix-la-Chapelle, Mayence et Cologne ! Cela me prouve son ignorance dans cette question. Je crois que M. de Girardin a visité les bords du Rhin allemand ; mais je ne crois pas qu'il connaisse la langue allemande et qu'il ait interrogé les Allemands sur cette question ! Autrement, il n'aurait pas pu nous tenir un tel langage.

Eh bien ! je puis mieux répondre que lui à cet égard, et je me permets de dire avec franchise ceci :

Les Allemands au bord du Rhin ne veulent pas être Français ; ils sont Allemands depuis les temps les plus reculés selon Tite-Live, Tacite, César, etc., et héritiers de Charlemagne, ils veulent rester Allemands. Je puis dire plus, c'est que les Allemands du bord du Rhin comptent parmi les plus chauds compatriotes allemands. Croira-t-on que ces compatriotes se soumettraient à la domination française ? Non, jamais, au grand jamais !

Il y a eu dans l'histoire française de tristes pages concernant l'occupation française à l'étranger ; malgré les actions des Français à l'étranger qui n'étaient point à blâmer, et malgré toute l'amitié qu'ils ont montrée à l'étranger hors la France, ils n'ont pas pu s'y soutenir parce que le feu du patriotisme et de la nationalité ne connaissait pas de bornes pour regagner l'indépendance nationale quand elle était une fois perdue. Depuis les Vêpres siciliennes jusqu'à l'expédition à Rome et au Mexique, la France pourrait dire quelque chose par son histoire sur ce mouvement patriotique.

Ah ! si les habitants du Rhin n'étaient pas d'une origine tout à fait allemande et ne se sentaient pas en chair et esprit allemands, et s'ils étaient d'une origine française comme les habitants de la Savoie et de Nice, je dirais consciencieusement que la domination française pourrait parfaitement réussir au bord du Rhin. Mais ce cas n'existe pas !

Comme Rome s'est ruinée par sa puissance et sa domination à l'étranger, la France se ruinerait aujourd'hui par sa domination au bord du Rhin allemand. Révolutions sur révolutions s'y suivraient, qui seraient pour la France plus dangereuses que les avantages qu'elle aurait jamais tirés par une telle domination.

On pourrait me faire l'objection qu'autrefois la France a parfaitement réussi à se soumettre les pays allemands.

Mais je réponds que les temps ont grandement changé le caractère des peuples.

Quand la France avait acquis la Lorraine et l'Alsace, il n'y avait que des esclaves qui servaient les seigneurs sous le régime féodal. Il en était de même dans le temps de Napoléon Iᵉʳ, qui était annoncé en Allemagne comme libérateur des peuples. Alors le peuple esclave, serf, s'était volontairement soumis.

Mais aujourd'hui le peuple allemand n'est plus sous le servage ; il est libre et uni ; il a fait son éducation politique et sociale ; il sait ce qu'il veut, il a connaissance de la liberté dont il jouit avec bonheur en Allemagne, et il ne cherche plus un libérateur. Il est heureux tel qu'il est aujourd'hui. Il faut raisonner franchement et tout dire quand on veut être vrai et arriver à une solution équitable d'une question ; quand on est de bonne foi, on ne peut me contredire sur ce point. La domination française au bord du Rhin n'est donc que dans les têtes des Français-Autrichiens ; car les Autrichiens voudraient voir arriver cette domination pour ruiner le gouvernement de l'Empereur, la France et l'Italie !

Quant à la deuxième question, nous prouverons que la France n'a pas besoin de s'agrandir sur la Prusse pour acquérir les bords du Rhin. Je soutiens, en même temps, qu'un gouvernement quelconque, en Allemagne, qui céderait aujourd'hui à la France ou n'importe à quelle autre puissance, même amiablement, quelque terrain allemand qu'il soit, verrait chez lui éclater la plus terrible insurrection que l'on aurait jamais vue dans un pays. Je demande au cher lecteur quel gouvernement, dans ce monde, s'exposerait à une telle catastrophe ? Assurément aucun, chaque gouvernement aurait au contraire, au nom de Dieu, le devoir sacré à remplir pour empêcher une telle catastrophe qui ferait couler le sang du peuple (1).

Puisque la démocratie française et le gouvernement français se basent sur le respect de la volonté du peuple, il y a dans ce cas à appliquer le respect pour la volonté des habitants du bord du Rhin. La démocratie française, loyale, honnête et le gouvernement français, qui reposent sur les principes de 1789 et la volonté du peuple, donneraient à l'Europe le plus grand scandale diplomatique, si elles ne respectaient pas la volonté du peuple du bord du Rhin, qui depuis son origine était allemand et ne veut qu'être et rester *allemand*.

Cette contradiction, nous ne l'espérons jamais trouver chez la démocratie et le gouvernement français ; elle serait dans l'histoire un antécédent qui pourrait grandement compromettre, à l'avenir, les principes du gouvernement français, tant en France qu'à l'étranger.

Soyons justes et loyaux, convenons des erreurs si nous en sommes pris, repoussons avec tous nos moyens la méchanceté, l'intrigue et l'ambition personnelle qui se présentent dans cette question, et nous trouverons que les conseils émis dans ces pages porteront de bons fruits pour la France et tout le monde.

Depuis 1849, j'ai prêché par ma plume aux Allemands la paix avec la France, malgré les excitations à la guerre, propagées par l'Autriche contre la France. Aujourd'hui je prêche, aux Français, la paix avec la Prusse encore, malgré les agitations autrichiennes.

Par ce travail, je remplis donc un devoir sacré envers l'humanité, la liberté des peuples, et je suis convaincu qu'il sera d'un bon résultat et accueilli par les Français, les Allemands et leurs gouvernements avec cette gravité dont je suis saisi. En traitant de cette question du Rhin, soulevée au berceau autrichien depuis de longues années contre la Prusse, j'éprouve réellement un dégoût de ces faux Français, qui disent : « Comme démocrate, il ne faut pas respecter la volonté du peuple au bord du Rhin, » tandis qu'ils veulent qu'on la respecte ailleurs.

Je reviens maintenant à l'autre point de la question, pour savoir si réellement la France a besoin du Rhin pour sa SURETÉ STRATÉGIQUE et pour SON INFLUENCE POLITIQUE.

---

(1) Un homme d'État, grand ennemi de la Prusse, M. Deschamps, ministre d'État belge, a dit dans sa brochure : *L'Allemagne et la France* (Paris, chez Dentu, 1865, p. 141.) ceci :
« L'Allemagne entière se soulèverait si la France touchait à une rive du Rhin, et s'il s'agissait d'abandonner un seul Allemand. »
En cela, M. le ministre d'État belge a parfaitement raison.

Quand on veut chercher des querelles autrichiennes à quelqu'un, on trouve, comme on le sait, toujours quelques grains de sable pour se jeter dans ses propres yeux, afin de ne pas voir l'injustice que l'on veut commettre. C'est brutal et diabolique; mais généralement le genre humain n'est pas parfait en l'individualité, et s'il est matériellement égal à un autre individu, et devant la loi, les hommes ne sont guère égaux en âme, en pureté d'esprit et en Bien. J'ai dit un jour à un homme éminent dans la haute politique : Donnez-moi cette égalité spirituelle des hommes, et j'accepterai votre « définition sur la fraternité et la liberté. — Occupons-nous d'abord « de faire des hommes, et nous en aurons le reste comme conséquence ! »

Dans ces pages, je suppose donc raisonner avec des hommes, sur les mots donnés : « *frontières naturelles,* » alias : sûreté stratégique ou équilibre politique dans la question du Rhin.

D'abord j'ai opposé ci-dessus à cette idée « *frontières stratégiques,* » la question de la *nationalité allemande,* qui en toute circonstance diplomatique, quand elle n'est pas provoquée par les droits de la guerre, c'est-à-dire par la conquête, doit l'emporter sur la question des « *frontières stratégiques.* » Or, dans la question du Rhin, nous avons prouvé la supériorité de la nationalité allemande à la considération stratégique, et conséquemment nous n'avons plus à nous en occuper. Pourtant il y a des cas qu'on ne peut pas éviter de toucher, et je vais donc aussi entrer en considération sur ce point de la question, pour prouver davantage le non-sens des mots *frontières stratégiques.* »

Au moyen age, où l'on n'avait presque pas d'armes à feu, la stratégie occupa encore un certain rang dans l'art de faire la guerre. Mais depuis le commencement de ce siècle, nous avors fait des progrès singuliers dans cet art terrible.

Des armées traversent aujourd'hui des grands royaumes en quelques jours pour les conquérir (comme par exemple l'armée héroïque de Prusse l'a fait en 1866 en Saxe et en Bohême, quand elle était attaquée par l'Autriche et ses alliés). Les canons rayés et les fusils à aiguille portent à une précision et à des limites énormes, on les applique à la guerre entre nations; on va trouver l'ennemi en pleine campagne pour y livrer une bataille générale et décisive; on ne se renferme plus comme autrefois dans les bourgs, forteresses et villes fortes, pour faire traîner la guerre en longueur, parce que le bien-être matériel et spirituel des nations s'y oppose selon le progrès de notre civilisation.

Eh bien ! en face de ces considérations on vient nous dire : *Mais les montagnes et les rivières* forment des frontières stratégiques des nations. (C'est donc toujours, si la nationalité n'en emporte pas la supériorité et ne les rend pas nulles, que l'on pourrait nous en parler.) Mais je réponds, par mes observations ci-dessus énoncées, que cette frontière stratégique n'existe plus depuis l'avancement de l'art de guerre aujourd'hui. Supposons même qu'elle existât, il y aurait deux nations voisines qui devraient se la disputer. Les Allemands sont les premiers occupants du Rhin avec ses collines, ils les gardent (1). Vous, Français, voulez

______

(1) La question du grand duché de Luxembourg et du duché de Limbourg se résout par les mêmes motifs. Nous disons à la Hollande : Vous n'avez plus de droits sur les Allemands

les avoir; voyez si vous pouvez vous en arranger. Mais supposons que cette dispute n'amène pas une solution pacifique, voudriez-vous en faire une guerre pour une cause qui n'a aujourd'hui dans la stratégie aucune importance et qui, en ce qui concerne le droit de possession et de nationalité, est injuste? Si vous le faisiez vous seriez un méchant, qui ne connaît pas de bornes en ses péchés envers l'humanité et Dieu. Il vaudrait donc mille fois mieux laisser de côté la question de stratégie inventée sur les collines et la rivière du Rhin par les Français-Autrichiens.

A côté de cette question de frontières naturelles du Rhin, dans laquelle la nationalité l'emporte en faveur de la Prusse sur la France, il y a une question de droit.

Quand on vit en bonne intelligence avec un peuple, on est loyal et juste et l'on ne lui cherche pas de dispute. Au contraire, dans ce cas, on lui fait tout le bien possible, comme par exemple la France et la Prusse ont fait à l'Italie. Mais si vous voulez agiter la question de droit de possession sur le Rhin, les Allemands vous prouveront par les titres les plus anciens leur droit de possession sur le Rhin. Ils vous prouveront plus, ils vous montreront, l'histoire à la main, que, dans le moyen âge, après les Gaulois, les Allemands (les Francs) du Rhin et du Mein ont puissamment contribué à la formation d'une nation qui s'appelle aujourd'hui « française, » et qui occupe aujourd'hui l'ouest de l'Europe, entourée par trois mers au nord, ouest et au sud, qu'on appelle *la France*, et qui est le plus beau territoire qu'une nation puisse posséder, en vue de l'économie et richesse nationales ; la France ne peut pas demander da-

de ces duchés attendu : 1° que les traités de 1815 sont déchirés ; 2° que la Confédération germanique et la Diète de Francfort qui surveillaient leurs intérêts n'existent plus, et que ces attributions sont confiées aujourd'hui à la Prusse par tous États allemands et autrichiens, moyennant le traité de Prague de 1866 ; 3° que la Hollande n'est pas une puissance allemande, mais que les duchés sont Allemands depuis leur origine ; 4° que les mœurs et la langue du peuple des duchés sont allemands ; 5° que l'histoire prouve l'autonomie de la nationalité allemande desdits duchés, qui étaient de tout temps soumis à l'empire allemand. Il est donc naturel qu'ils ne puissent rester soumis à la puissance non allemande « la Hollande. » C'est le principe de la nationalité qui s'y oppose.

Mais qui devrait donc prendre sous sa protection le grand duché de Luxembourg et le duché de Limbourg ? Nous répondons la Prusse : parce que, comme nous l'avons déjà dit, le traité de Prague lui en fait un devoir comme chef de la Confédération allemande du nord jusqu'au Mein, et dans laquelle se trouvent compris selon la situation géographique les duchés en question. La moindre des choses que la Prusse devrait demander serait donc que le roi de Hollande entrât dans la Confédération du nord avec les duchés pour y soigner leurs intérêts allemands.

Autrefois ces intérêts allemands ont été soignés dans l'empire et dans la confédération allemande. Aujourd'hui c'est la Confédération du nord qui les remplace sous de meilleurs auspices de la régénération de l'Allemagne. La guerre dernière avait été faite pour l'unité allemande sous le guide du roi de Prusse. Le traité de Prague a confirmé plus que jamais cette unité allemande, et l'on ne pourrait donc pas permettre que le Luxembourg et le Limbourg restent aujourd'hui hors de cette unité tandis qu'ils faisaient autrefois toujours partie de l'Allemagne.

Le meilleur parti à prendre par le roi de Hollande, c'est donc d'entrer le plus vite possible dans la Confédération du nord. C'est son intérêt qui le commande, s'il veut conserver sa souveraineté sur ces duchés ; car il pourrait arriver que la Confédération du nord déclare le roi déchu de cette souveraineté en cas de sa résistance, et la confère à une autre puissance allemande.

C'est le principe de la nationalité qui a rendu les pays italiens à l'Italie ; qui défend à la France de prendre le Rhin, et qui défend à la Hollande de soustraire le grand duché de Luxembourg et le duché de Limbourg à l'Allemagne.

Par la même raison et par les mêmes motifs de nationalité, le Wurtemberg, le Bade et la Bavière ne pourraient pas se soustraire à la confédération allemande confiée par le traité de Prague à la Prusse, et leur participation à cette confédération sous la direction de la Prusse est pour eux une obligation la plus naturelle et une nécessité pour tout le monde.

vantage! Elle doit la fraternité aux Allemands. Mais il résulte par ces preuves de droit de possession que les Français sont aussi de droit déboutés en leur demande. Ni d'après le droit privé, ni d'après le droit international, ils ne pourraient en former légalement une demande.

Un autre point de vue serait encore à considérer dans cette question, c'est l'amour qu'on a pour s'agrandir. Fausse vanité! Mais vouloir s'agrandir, il faut en avoir des motifs dans le temps de paix; car on ne s'agrandit en territoire que par le résultat d'une guerre, par le droit de conquête, selon le droit international. Demandons alors si la France doit s'agrandir pour exercer un équilibre sur la puissance prussienne, comme le proclament les Français-Autrichiens.

Ici il faut compter et prendre en aide la statistique.

La France riche, florissante, compte 43 millions d'habitants, dont 37 millions d'habitants en Europe, contre la Prusse qui (après toutes les annexions faites, résultant de la conquête par la guerre dernière) n'a que 25 millions d'habitants. La France n'a donc certainement pas besoin d'aller demander à la Prusse un morceau de son territoire pour soutenir son équilibre politique envers la Prusse, parce qu'elle a 18 millions d'habitants de plus que la Prusse.

C'est plutôt la Prusse qui aurait un motif de demander comme voisin de la France cet équilibre politique, si l'on voulait compter sur la force matérielle seulement, sans y mettre en revers la loyauté, l'humanité et les bons principes d'un gouvernement envers l'autre, dans la civilisation où nous vivons.

Dans ce cas alors, ce serait la Prusse qui aurait à craindre la prépondérance française, et non pas la France. Mais la Prusse, loyale, n'a jamais intrigué ou coalisé contre la sûreté de la France pour s'enrichir à ses frais et pour obtenir un équilibre égal à la France. La Prusse est trop consciencieuse et trop religieuse pour prendre refuge à de tels moyens.

Au contraire, c'était la Prusse et les Prussiens qui, depuis 1849, ont défendu la France contre l'empiétement que l'Autriche lui avait jeté sur le dos, en Allemagne, dans les moments les plus difficiles où la France s'était trouvée. La Prusse avait alors repoussé l'intervention avec le plan de coalition autrichienne contre la France.

Mais, quand on veut être injuste et malin, on ne se laisse pas convaincre par la justesse, et les Français-Autrichiens devraient être honteux de la conduite ingrate qu'ils ont tenue à leur tour à l'égard de la Prusse et des Prussiens, parce que leurs intérêts personnels y sont engagés.

Quoi qu'il en soit, la France ne pourrait non plus former loyalement une demande sur la possession du Rhin, sous le prétexte d'équilibre politique envers la Prusse.

Nous l'avons prouvé par les chiffres; elle ne pourrait pas le faire sans donner à l'Europe un spectacle d'une brutalité inouïe, en face de la civilisation du xixᵉ siècle.

Ainsi se résument en rien et absolument en rien, sans fondation et sans équité, les gros mots que les Français-Autrichiens agitent sous le nom: « frontières naturelles du Rhin, » pour faire en France la propagande autrichienne contre la Prusse, et dans laquelle il n'y a au fond que le but autrichien, qui tend à ruiner la France et l'Italie sous le prétexte d'une guerre contre la Prusse. Nous croyons que l'Autriche s'engagerait volontairement au début de cette guerre contre la Prusse ; mais elle interviendrait, au milieu de la guerre, avec une coalition générale contre la France et l'Italie !

Allez donc faire votre alliance avec l'Autriche, et vous verrez si j'ai raison.

Que l'on y fasse attention ! La Prusse n'a pas encore dénoncé l'amitié de la France ! Elle est sincère en ses assurances d'amitié envers la France et l'Italie. Quand le roi gentilhomme, Guillaume de Prusse, a donné sa parole, il n'y a plus à y revenir. Mais il faut se garder de froisser les bonnes relations internationales entre la France et la Prusse, d'où sont résultés des grands bienfaits pour la civilisation en général, la liberté, l'indépendance des Français, des Italiens et des Allemands, par les derniers événements politiques imposés à l'Autriche. La France, l'Italie et la Prusse se sont débarrassées de l'ennemi de l'humanité, « l'Autriche, » et dans un travail paru en juillet dernier sous le titre : *Lettre ouverte à l'Empereur Napoléon III sur les affaires allemandes et italiennes*, j'ai prouvé que nous tous en avons profité.

De là vient la vengeance de l'Autriche, et elle voudrait aujourd'hui abîmer la France, l'Italie et la Prusse ensemble. Pour cela, elle rougit les fers en France et complote avec les Français-Autrichiens, espérant arriver d'une manière ou d'autre à son but proposé !!

L'Autriche n'a pas pu gagner la Prusse contre la France et l'Italie ; et maintenant elle fait tourner son jeu en commençant par là où elle a voulu finir.

L'Autriche a fini son rôle en Allemagne et surtout en Prusse où ses menées sont surveillées de près par le gouvernement. — Elle a voulu y arriver à ses buts et fins par la corruption, la tromperie, l'agitation dans la presse, le crime et par les fonctionnaires publics, etc. Il y a partout des traîtres et infâmes ! Mais, tant que le génie de Frédéric le Grand, du roi actuel de Prusse, Guillaume Ier, et du comte de Bismark vivra en Prusse, Dieu nous préservera de l'Autriche qui n'a existé que par le mal qu'elle a fait à tout le monde !

C'est pourquoi la Prusse la fuit et que la France et l'Italie doivent se garder d'elle.

J'ai combattu pendant la moitié de ma vie notre ennemi commun, « l'*Autriche*, » en Allemagne, en France et en Italie, parce que son système politique, d'un bout à l'autre, comme je l'ai étudié à Vienne même, représente le mal, le crime et la destruction du bien. Ordonné par des hommes aveuglés ou ambitieux, cette politique se base sur le principe des Jésuites : que tous les hommes devraient vivre dans la misère excepté eux, tandis que Dieu a ordonné par le deuxième commandement, que tous les hommes doivent vivre heureux et en paix. — Les bases du mal et du bien ont été mises en question. Nous avons accepté celle du bien et combattu l'Autriche, parce que rien de bon, juste, stable et prospère ne pouvait être fondé avec elle. En Allemagne et ailleurs nous étions déchirés tant que l'Autriche y avait eu le dessus... Maintenant nous sommes parvenus à nous démettre d'elle en Allemagne, en Italie, en France, et Dieu nous aidera pour garder notre conquête.

Certainement la France ne se mettra pas volontairement dans l'embarras pour plaire à MM. les Jésuites et à l'Autriche. — Je dirai à l'Empereur : Sire, gardez-vous des Jésuites et de leur doctrine qui ont ruiné tant d'États et de trônes; gardez-vous de l'Autriche, qui est derrière eux pour proclamer en France la légitimité des princes; pas de confiance en l'Autriche, trompeuse et révolutionnaire à l'étranger; tenez-vous éloigné de toutes ses créatures, et Vous et Votre Dynastie prospérerez.

Mon Roi et mon pays, avec le roi d'Italie, la dynastie de Napoléon et la France étaient pour moi l'espérance de notre délivrance des mains de l'ennemi commun. « L'*Autriche*, » qui tenait l'Allemagne et l'Italie sous ses griffes, et l'Europe entière sous son joug du despotisme. — Mon Roi et son gouvernement y étaient enchaînés, domptés, et leur liberté d'action pour le bien public comme leur indépendance ne pouvaient être acquises que par la destruction des traités de 1815 qui avaient donné à l'Autriche une force et prépondérance en Europe, pour ruiner et détruire l'indépendance des nations et des individus. — La France sous les rois, les royalistes et ministres comme MM. Thiers, Guizot, dévoués à l'Autriche, ne pouvait jamais faire grand'chose pour notre délivrance. Mais l'Empereur Napoléon III, son bon conseiller le prince Napoléon, ces deux grandes lumières de la France, avec le roi d'Italie et le roi de Prusse, qui ont tous souffert avec leurs nations du règne honteux du despotique autrichien — établi par le traité de 1815 — pouvaient seuls les déchirer pour s'en rendre libres et pour poursuivre la tâche que Dieu leur a imposée. — Je ne me suis pas trompé, et ce que j'ai prévu il y a dix-huit ans, est arrivé aujourd'hui. Le jour a combattu la nuit, et l'Europe, en 1866, met ses espérances sur trois grands États civilisés : la France, l'Italie et la Prusse. — Je vois aujourd'hui l'œuvre accomplie pour laquelle j'ai tant souffert, tant sacrifié et tant travaillé pendant presque la moitié de ma vie. J'en suis heureux, et Dieu la soutiendra.

CONCLUSIONS

J'ai fait ce mémoire parce que je voyais que personne en France n'osait dire avec indépendance, équité et connaissance de cause, la vérité sur cette question très-agitée en France par l'Autriche ; il est donc d'une grande importance pour la paix entre les gouvernements civilisés. Le Tout-Puissant nous la conservera si les hommes qui servent ces gouvernements en Son nom sont sincères et parviennent à s'entendre contre l'ennemi commun, qui est « l'Autriche. »

Dans ce travail nous avons suffisamment démontré :

1° Le rôle que joue l'Autriche en France en se cachant derrière cette question pour entraîner la France et l'Italie vers leur perte ;

2° Que l'alliance entre la France, l'Italie et l'Autriche, est impossible ;

3° Que, si jamais la France avait besoin d'alliés, ce serait parmi les puissances civilisées, libérales et constitutionnelles qu'elle devrait les chercher ;

4° Que les alliés naturels de la France sont les puissances libérales et constitutionnelles, la Prusse et l'Italie, qui sont en bons rapports et vivent en bonne intelligence, dont l'Autriche est jalouse ;

5° Qu'une guerre contre la Prusse, surtout à cause des soi-disant frontières du Rhin, serait un acte atroce, contraire aux intérêts français et européens ;

6° Que les habitants du bord du Rhin sont essentiellement Allemands, et ne veulent que rester Allemands, et que vouloir les forcer à être Français, ce serait la destruction du principe de la nationalité, proclamé comme sacré par la France ;

7° Que quand même la France voudrait détruire sa propre politique dans le principe de la nationalité (pour laquelle la Prusse a fait preuve en 1856 en renonçant à ses droits de souveraineté sur Neuchatel, et en 1866, en abandonnant, par le traité de Prague, la partie de Schleswig, du nord, etc., etc.), elle ne soutiendrait pas aujourd'hui sa domination au bord du Rhin ; que des révolutions sur révolutions s'ensuivraient, qui coûteraient cher à la dynastie napoléonienne et à la France ;

8° Que la stratégie française n'est pour rien dans cette question ;

9° Que les frontières naturelles n'y sont qu'une farce, une bonne blague, qui servent de base pour l'agitation *autrichienne* ;

10° Que la prépondérance de la France sur la Prusse ne demande point l'augmentation de sa force et de son influence politique européenne par l'agrandissement aux frais de la Prusse, et que leur position réciproque y est comme 25 contre 40 ;

11° Que de droit et d'après les titres de nationalités et de possession les plus anciens sur les bords du Rhin, les Allemands seulement peuvent en former un droit de propriété ;

12° Qu'il faut se garder de froisser la Prusse, qu'il faut tout faire pour conserver son amitié, et que telle est l'opinion des honnêtes gens de toutes les classes de la population française.

QUELQUES PIÈCES JUSTIFICATIVES

LES MENÉES AUTRICHIENNES

I

Nous disons que l'Autriche se soutient à l'étranger par la révolution, la tromperie, la corruption (1. Elle ne veut pas se civiliser et se contenter de ce qu'elle a. Elle veut ruiner tout le monde pour en profiter. Voulez-vous savoir comment l'Autriche trompe le gouvernement français et tout le monde par ses créatures? Je vous en cite des faits suivants qui me sont personnels. Vous trouverez dans la *Biographie universelle* de Didot frères, ceci : «Lorsque à trois reprises, en 1849, en 1852 et 1859, le parti rétrograde «(autrichien) s'efforça de soulever toute la Confédération germanique contre la France. «M. Weiss contribua par ses brochures et ses articles à ramener l'opinion publique qu'on «voulait égarer.»

Il y a de la vérité là-dedans, car, comme je l'ai déjà dit, j'ai prêché aux Allemands la paix avec la France contre l'agitation autrichienne. Malheureusement cela m'a coûté mes biens, fruits du travail, position, par les persécutions autrichiennes, et la France y a sa part. J'ai même à Vienne, publié en 1852, un ouvrage dans ce sens sous ce titre : « *La France et son droit actuel.* » Cet ouvrage, écrit en faveur de l'Empire et de la paix, fut saisi chez les libraires à Vienne, et moi-même jeté dans la prison autrichienne sans mandat du juge, sous le prétexte que j'étais l'agent du gouvernement français. Mais à Paris les Autrichiens m'ont dénoncé comme ennemi du gouvernement français! Une fois sorti de la prison, j'ai pris mes passeports pour quitter l'Autriche. Mais les complots autrichiens m'ont suivi, même à l'étranger. Aucun mal n'était épargné par les créatures autrichiennes à mon égard. J'arrivai à Paris en 1853 et sur une fausse dénonciation autrichienne auprès du gouvernement français, que ma présence en France est de nature à y troubler l'ordre public, je reçus l'ordre de quitter la France dans les vingt-quatre heures. Comme je n'avais rien reçu et rien demandé à la France pour les services rendus dans un but international prussien-français, je pouvais du moins me défendre contre un mauvais traitement en France. J'ai porté alors mes ouvrages publiés dans ce sens au gouvernement français pour lui prouver qu'il était trompé. Feu M. Piétri, alors préfet, M. Dumergue, son secrétaire-général; M. Persigny; M. Faugère, directeur au ministère des affaires étrangères, etc., etc., les avaient examinés, et en effet le décret de mon expulsion de France fut annulé, sous mention expresse qu'on était trompé. D'ailleurs, je suis en France depuis vingt ans, et avec mon honneur sans tache j'ai pu combattre les menteurs et les malfaiteurs. Il paraît que l'Empereur lui-même a eu connaissance de ce qui s'était passé à Paris à mon égard, car il m'avait témoigné sa reconnaissance, et feu M. Moquard m'avait écrit en son nom une lettre très flatteuse. L'Empereur a aussi ordonné le dépôt à sa bibliothèque de mon ouvrage sur *l'Économie politique* (voir le *Constitutionnel* du 11 avril 1854). Mais les agitations autrichiennes y ont fait tout oublier.

Je suis alors resté en France; mais les Autrichiens ont si bien travaillé les Français à Paris par les mensonges et la corruption, que je me voyais obligé de me renfermer dans un isolement complet. J'y ai vu soulever contre moi mes confrères les avocats, les gens de lettres, la presse, les éditeurs, les employés de l'administration, mes coreligionnaires, sous le faux prétexte que je suis leur ennemi, comme étant devenu chrétien en 1845, et même les francs-maçons français!

Tandis que les Autrichiens les excitaient par toutes sortes de corruptions et de mensonges contre mon existence en France, ils envoyaient même à leurs journaux allemands des articles pour les tromper à leur tour. Ce système de destruction dont les Autrichiens se servent en France, je le dénonce dans un intérêt général de la paix et de l'ordre public, comme je l'ai dénoncé publiquement à Berlin et ailleurs. Il prouve que l'Autriche est révolutionnaire et renverse tout à l'étranger par le mal, le plus vil moyen pour en profiter personnellement.

Dans le gouvernement, les créatures autrichiennes ont fait broder des affaires sur des faux rapports, — pour me jeter sur le dos les agents de la sûreté publique, la police et tout ce qui s'y rattache, dont j'ai dû supporter l'injure, l'insulte même dans les rues et aux endroits publics. Suivi par les sbires aux restaurants et aux cafés, les créatures

---

(1) Voir *le Siècle* du 30 août 1853, du 16 juin et 6 juillet 1859 ; *le Nord* du 21 août 1859.

autrichiennes ont donné de l'argent aux garçons pour injurier ma personne et pour m'y insulter publiquement; chez moi, ils ont payé les concierges pour nuire à mon nom et à mes affaires et à mes intérêts, comme ils l'ont fait dans les salons de la haute société. Tous les moyens ont été essayés pour provoquer des scandales publics que j'ai évités en supportant dans mon cœur toutes les injures sans pouvoir m'en défendre. Mes plaintes, adressées à l'autorité compétente, sont naturellement restées sans réponse, où le mot d'ordre était donné contre moi aux chefs de cabinet des ministres.

Leur mot d'ordre est : insultez, provoquez des scandales, dites tout le mal possible, complotez contre la sûreté de ses biens et de sa personne, mettez de côté les affaires de M. Weiss et n'y répondez pas quand elles vous tomberont dans les mains, et ne le recevez pas s'il se fait annoncer chez vous.

Ne faut-il pas se garder d'une puissance révolutionnaire, qui conspire aussi contre la sûreté des personnes !

II

M. Veuillot a dit, dans son ouvrage : *les Odeurs de Paris*, des vérités qui ne peuvent pas plaire aux créatures autrichiennes. Pour colorier son livre, je raconte un petit épisode qui est arrivé aujourd'hui même, au Palais de Justice, dans la 6e chambre (police correctionnelle), le 30 novembre 1866. — Ce jour là, l'affaire du *Mémorial diplomatique*, dont l'Autrichien M. de Brausz est le quasi-propriétaire, était entendu pour diffamation envers Sa Majesté le roi de Prusse ; le gérant et le rédacteur furent condamnés à un mois de prison et 100 fr. d'amende. — C'était une condamnation prononcée envers le gouvernement autrichien auquel ce journal appartient, qui, dans un but révolutionnaire en France, y a insulté un souverain, tout en se disant être soi-même un gouvernement conservateur et monarchique de la maison de Habsbourg. — Cette insulte y avait été faite pour provoquer des scandales entre la France et la Prusse. — Naturellement, j'avais un intérêt à assister à la séance, comme Prussien, comme M. de Brausz y avait le sien avec ses nombreux invités. Les Français-Autrichiens, avocats et autres, en me voyant présent à l'audience, y agirent alors comme provocateurs. M. Dufaure plaidait quand, tout d'un coup, un avocat français s'était posté en face de moi, prononçant à son ami, autre avocat, les mots suivants : *Vilains Prussiens, fous, malins.* J'entendis prononcer plusieurs fois ces mots, mais je n'en disais rien, pour ne pas troubler la séance. Qu'aurai-je dû faire ? Donner ma canne dans la figure d'un provocateur, et me compromettre ensuite. C'est ce qu'il a voulu. Mais non, je suis resté calme et je n'ai pas répondu un mot. Le provocateur, alors irrité de ne pas pouvoir arriver à son but, fit signe à l'huissier de venir lui parler, et aussitôt après lui avoir dit quelques mots et m'avoir désigné du doigt, l'huissier se dirigea vers moi, m'ordonna de me tenir tranquille, me joua ses doigts presque dans la figure, me parla vivement, et menaça de me faire expulser. Étonné de ce langage, j'ai demandé à l'huissier ce qu'il voulait ; je l'ai prié de s'en aller et de ne pas m'adresser la parole, attendu qu'il ne me connaissait pas. L'huissier, blessé dans sa dignité, s'écrie : « *A moi, vous dites de m'en aller !* » et tout de suite il appela un homme de garde et lui dit : « Mettez ce monsieur à la porte. » Voyant la force brutale jouer son rôle, je m'en allai de la séance avant que l'homme de garde n'eût pu venir et me toucher, et ensuite je quittai la salle. Quand M. le président a vu que je me frayais un passage au milieu de la foule, en entendant du bruit, il a fait suspendre la plaidoirie de M. Dufaure, pour savoir ce que c'était. Je suis parti sans répondre, et je fis parvenir ma carte avec ma plainte au président aussitôt que j'étais sorti de la salle.

Requérir la force publique sans ordre du juge, c'est contraire à la loi française. C'est le président seul qui aurait pu requérir la force publique ; mais il ne l'a pas fait et ne pouvait pas le faire, parce que je ne faisais absolument rien qui aurait pu lui en donner le motif. Il a vu que l'huissier était venu me parler très-impoliment, et il a très-bien remarqué aussi que j'allais quitter l'audience au moment où l'huissier me cherchait des disputes et appelait l'homme de garde.

Je dis à M. Veuillot qu'il pourrait bien enregistrer dans son nouvel ouvrage, *les Odeurs de Paris*, de tels actes de brutalité, d'abus des provocateurs français-autrichiens.

Et si les Prussiens faisaient autant en Prusse contre les Français et leur nationalité, ils ne seraient certainement pas contents ? Mais les Autrichiens s'en réjouiraient !

Mais nous avons soutenu les Français quand ils ont eu besoin aide et assistance dans notre pays et l'on ne les insulte pas chez nous.

III

Dans un journal publié à Berlin, j'ai dit que les Autrichiens y ont fait jouer le poignard sur moi, dont j'ai reçu cinq coups, parce que, en 1859, j'avais publié à Berlin un ouvrage en faveur de la paix et d'une alliance entre la Prusse, l'Italie et la France, en faveur de l'unité allemande sous le guide de la Prusse, et sans l'Autriche, démontrant comment d'après le droit public on pourrait l'accomplir. Avoir dit du bien de l'Empereur Napoléon III et de sa dynastie, du roi Victor-Emmanuel, avoir prêché la paix avec l'Italie et la France dans cet ouvrage, c'était un crime aux yeux des créatures autrichiennes qui, en 1859, voulaient entraîner la Prusse dans une guerre contre la France pour en tirer une revanche de la guerre en Italie. Aussi elle a réclamé deux fois la saisie de cet ouvrage et ma mise en accusation. Mais deux fois j'ai arraché aux mains du procureur du Roi la saisie de l'ouvrage dont la levée fut ordonnée par les juges ; l'ouvrage fut alors vendu librement en Prusse et en Allemagne. Mais l'Autriche ne l'a pas laissé passer les frontières. C'était alors que l'Autriche, pour se venger, a fait jouer le poignard à Berlin. Ce que j'ai dit dans cet ouvrage en 1859 est un fait accompli depuis 1866, et cela doit prouver aux créatures autrichiennes et aux révérends pères Jésuites, que toutes leurs méchancetés et intrigues sont dirigées contre eux-mêmes quand ils croient par là gagner le dessus sur le Saint-Esprit et le bien-être de la société qui doit en résulter. De plus, j'ai prouvé que l'agitation des créatures autrichiennes a travaillé à Berlin pour me prendre les fruits de mes travaux. Elles ont entraîné le gouvervement anglais, c'est-à-dire son représentant à Berlin, lord Loftus, à me refuser un payement qui m'est dû sur la maison de l'ambassade anglaise à Berlin, à me forcer de lui faire un procès à Londres, et à me mettre sur le dos leurs complices, les sbires anglais. Ce procès m'a en effet coûté mon dernier argent 5,000 thalers et mes bijoux, sans être arrivé à un résultat, après dix-huit mois de procédure à Londres ; je l'ai plaidé les 14 et 15 juin 1864, mais je ne l'ai ni gagné ni perdu. Le verdict du jury était ceci, mot à mot en anglais : « We give a verdict for the defendant as there is no contract but find that the defendant has « not been sufficiently payd. » Là-dessus, le président du tribunal, lord chief justice, sir Alexandre Coekburn, a annulé le verdict, disant mot à mot ceci : « You have no right to bring such verdict and I cannot accepte it. » Mais je me contente, du moins pour le moment, de savoir qu'un jury anglais a reconnu dans cette affaire que je ne suis pas suffisamment payé par le gouvernement anglais, et ne suis pas encore payé aujourd'hui, car on emploie la force. Pour tout dire, il faut que j'ajoute : que la lâcheté des journaux anglais à Londres (y inclus le *Times*) du 14 au soir, du 15 et 16 juin 1864 ont non-seulement falsifié le rapport sur la cause elle-même, mais aussi sur le verdict du jury et le refus du président, pour sauver leur gouvernement de la honte publique !!! J'ai prouvé à l'audience, à lord Loftus, le contraire de ce qui avait été dit, écrit par lui-même et ses agents. C'est ainsi que la corruption se donne le mot d'ordre partout par les créatures autrichiennes pour me prendre ce qui m'appartient, etc.

Lord Loftus était autrefois ambassadeur en Autriche et faisait la politique autrichienne à Berlin. L'affaire dont il s'agit est celle-ci : Par deux contrats, le gouvernement anglais me doit 4,500 thalers sur ladite maison. Pour me faire payer à Londres, lord Loftus me demanda lesdits contrats que je lui ai confiés. Plus tard il nia me devoir les 4,500 thalers et me refusa la restitution desdits contrats. Au tribunal, il a juré qu'il les a déchirés. — C'est alors que le jury a dit : « Comme il n'y a pas de contrat, je ne suis pas suffisamment payé. » — Selon le droit international mon gouvernement a un droit incontestable d'y intervenir, parce que cette affaire regarde le gouvernement anglais, et mes ressources ne le permettent plus d'aller plaider l'affaire de nouveau. La loi anglaise condamne le gouvernement anglais ; car la *lex loci* doit être appliquée selon la jurisprudence anglaise aux faits commis à l'étranger. Or, sur les faits en question passés à Berlin, le Code Prussien (tome I, titre IV, § 170) doit être applicable par la jurisprudence anglaise pour condamner le gouvernement anglais au payement. — Si le représentant du gouvernement anglais a détruit les deux contrats que je lui ai confiés, ce n'est pas moi qui dois en supporter les conséquences, c'est lui, le gouvernement anglais. Je me suis borné à prouver par ces pièces comment les gouvernements et les particuliers sont trompés par les agitations autrichiennes.

Je pourrais écrire un grand ouvrage sur les choses qui me sont arrivées par la corruption autrichienne, dans le but révolutionnaire de ruiner, de détruire et de scandaliser. Le but que les Autrichiens poursuivent par l'excitation à la haine, surtout dans les pays étrangers, c'est de faire détester leur gouvernement (qui leur donne un appui) pour provoquer une opposition contre eux et pour en profiter personnellement. C'est ainsi que l'Autriche a voulu me faire détester mon pays, la Prusse, comme elle a voulu me faire détester la France, pour se servir de moi contre elles. Elle n'a pas réussi et elle ne réussira jamais, malgré ses agitations révolutionnaires.

SIEGFRIED **WEISS**,

Docteur en droit.

Paris, novembre 1866.

Paris. — Typ. A. PARENT rue Monsieur-le-Prince, 31.